AF407655

70

PHRASES

À NE JAMAIS DIRE À SON ENFANT

Introduction

En grandissant, les enfants deviennent de plus en plus impressionnables et réceptifs. Ce à quoi nous les exposons est très probablement ce qu'ils emporteront avec eux, que ce soit pendant quelques mois ou même toute une vie. Il est donc important de toujours être conscient de ce que nous disons à nos enfants pour nous assurer qu'ils ne sont jamais blessés par nos paroles.

La façon dont nous parlons à nos enfants influence la manière dont ils voient le monde et eux-mêmes. Il est donc logique que nous leur parlions d'une manière saine pour les aider à grandir et pour qu'ils se sentent soutenus et aimés.

Être parent est indéniablement un travail difficile, et le fait d'avoir ses enfants à la maison 24 heures sur 24, 7 jours sur 7, alors que les écoles et les garderies sont fermées, peut le rendre encore plus stressant. Malheureusement, cette couche supplémentaire de stress pendant une période déjà difficile peut parfois se manifester de manière inattendue, par exemple en étant courtois avec vos enfants ou en disant des choses que vous ne pensez pas. Si vous voulez que votre relation avec vos enfants reste stable, lisez ce qui suit pour connaître les choses que les parents ne devraient pas dire à leurs enfants.

Arrête de pleurer, tout va bien.

Dire aux enfants d'arrêter de pleurer leur donne l'impression qu'ils ont tort de montrer leurs émotions. Même si cela peut être frustrant pour les parents, il ne sert à rien de diaboliser un enfant parce qu'il fait quelque chose que les enfants font naturellement.

Ce qu'il faut faire :

Validez d'abord les émotions et la douleur, puis rassurez l'enfant. Essayez de dire: ***"Qu'est-ce qu'il y a ? Pourquoi pleures-tu ?"*** Et non de manière hostile.

Votre enfant sera alors plus enclin à communiquer ses sentiments et à vous faire part du problème à l'avance à l'avenir.

Je fais tout pour toi.

Il est vrai que les parents font beaucoup pour leurs enfants, le fait de le leur rappeler constamment peut leur donner l'impression d'être un fardeau plutôt qu'un amour. On le dit généralement pour discipliner un enfant, mais c'est une chose plutôt hostile à dire.

Au lieu de cela, essayez de dire : *" Nous faisons [ ] pour toi parce que nous t'aimons, alors fais [ ] pour moi."*

Tu as bien fait mais tu pourrais faire mieux.

Tout d'abord, tout compliment suivi de « **mais** » doit être évité car il enlève tout son sens au compliment lui-même. Célébrer les petites victoires est un moyen de motiver les enfants à constamment bien faire. L'utilisation du mot « **mais** » leur donnera l'impression qu'ils ne vous ont pas vraiment rendu fier et qu'ils n'en ont pas fait assez, ce qui fera certainement plus de mal que de bien.

Essayez plutôt de dire: *"Tu as bien fait et je suis fier de toi. Je parie que tu vas continuer à t'améliorer de plus en plus !"*

Ne mange pas ça, sinon tu vas devenir gros.

Cette phrase est à proscrire. Elle apprend aux enfants à être trop conscients de leur corps et les pousse à remettre en question les habitudes alimentaires de leurs camarades. L'image corporelle est une chose extrêmement sensible et personnelle et

créer cette impression à un âge aussi vul-
nérable est dommageable.

Essayez plutôt de dire: *"Je ne pense pas que ce serait une bonne idée de manger cela car ce n'est pas très bon pour la santé".*

Ce n'est pas si grave.

C'est l'une des pires choses que vous puissiez dire à votre enfant lorsqu'il est contrarié. Elle invalide ses sentiments et le rend réticent à vous parler ouvertement. Les enfants doivent se sentir à l'aise pour communiquer leurs sentiments et leur dire ***"ce n'est pas si grave"*** les poussera à se remettre en question.

Essayez plutôt de leur dire: *"Dis-moi comment tu te sens et pourquoi tu te sens ainsi".*

En disant cela, vous comprendrez mieux votre enfant et vous lui ferez savoir que vous êtes là s'il a besoin de parler.

Laisse-moi tranquille.

Oui, vos enfants peuvent vous faire grimper le mur, mais leur dire constamment de vous laisser tranquille lorsque vous avez besoin d'une pause pourrait nuire à sa façon de penser à passer du temps avec vous. Ils intériorisent ce message. Ils commencent à penser qu'il ne sert à rien de vous parler parce que vous le repoussez toujours. Si vous en faites une tendance lorsqu'ils sont jeunes, cela pourrait signifier qu'ils seront moins susceptibles d'aller vers vous et de vous dire des choses lorsqu'ils seront plus âgés.

Les grands garçons ou le grandes filles ne font pas cela.

Un exemple très courant de cette attitude est *« les grandes filles/les grands garçons ne pleurent pas »*, généralement suivi de *« les pleurs, c'est seulement pour les bébés »*. Qu'il s'agisse de pleurs ou de toute autre chose, laissez les enfants être des enfants. Si vous êtes mécontent de quelque chose, n'utilisez jamais leur âge comme excuse.

Essayez plutôt de dire: *"Je ne pense pas que ce soit une bonne idée de faire [ ] parce que [ ]."*

Qu'est-ce qui ne va pas chez toi ?

Cette phrase peut être utilisée lorsque votre ton est compatissant, mais des problèmes peuvent survenir si elle se manifeste par de la colère ou de l'agacement. Lorsqu'un adulte de confiance, une personne dont l'enfant dépend pour tout indique que quelque chose ne va pas chez l'enfant, ce dernier va l'intérioriser et le croire.

Essayez plutôt de dire: *"Qu'est-ce qui ne va pas ?" "Que s'est-il passé qui t'a contrarié ?"*

Tu me déçois.

Bien que la déception soit un sentiment tout à fait légitime, ce seul mot peut être très traumatisant. De nombreuses personnes grandissent en croyant sincèrement qu'elles sont une déception pour leur famille parce qu'on leur répète inconsciemment cela tout au long de leur vie.

Essayez plutôt de dire: *« Je ne suis pas satisfait de tes actions. Veuillez éviter de faire [ ] à l'avenir. »*

Tu ferais mieux de faire ce que je dis, sinon ...

Sans aucun doute, cela ressemble plus à une menace qu'à autre chose. Utiliser la peur pour discipliner les enfants est malsain et se retourne généralement contre eux. Expliquez simplement pourquoi vous voulez que quelque chose soit fait et il sera plus enclin à s'y conformer.

Essayez plutôt de dire: *"S'il te plaît, fais [ ] parce que [ ]."*

Parce que je l'ai dit ou parce que que je suis un adulte et que tu es un enfant.

Cette approche est peut-être utilisée depuis très longtemps, mais elle n'est pas pour autant la bonne façon de discipliner les enfants. Elle donne également l'impression aux enfants que leurs opinions ne sont pas valables simplement parce qu'ils sont jeunes.

<u>**Ce qu'il faut faire:**</u>
Essayez plutôt d'expliquer pourquoi vous ressentez quelque chose d'une certaine façon.

Tu vis sous mon toit donc tu suis mes règles.

Une autre chose que beaucoup de parents aiment dire. Très similaire à *« c'est ma maison, tu ne fais qu'y vivre »*. Ces deux affirmations font que votre enfant ne se sente pas le bienvenu dans sa propre maison et qu'il se sente à la limite du fardeau.

À la place, essayez de dire: *« Tu connais les règles de la maison. S'il te plaît, respecte-les. »*

C'est ainsi que j'ai été élevé.

Bien que nous apprenions beaucoup sur l'éducation des enfants en fonction de la façon dont nous avons été élevés, il est très fermé d'esprit de rejeter la demande d'un enfant ou de condamner ses actions en disant *« c'est ainsi que j'ai été élevé. »* Expliquez plutôt à votre enfant pourquoi vous êtes d'un certain avis plutôt que de le faire taire rapidement avec cette phrase. Vous pouvez l'utiliser comme exemple, mais cela ne doit pas être votre argument principal.

Essayez plutôt de dire : *"Je ne pense pas que ce soit une bonne idée de faire [ ]. Même mes parents me disaient que [ ] parce que [ ]".*

Tu es exactement comme ta mère/ton père !

Utiliser cette phrase sur votre enfant lui fait non seulement savoir que ce qu'il fait est mal, mais lui donne l'impression qu'il l'a hérité d'un de ses parents et qu'il ne devrait pas être responsable de ses actes. Cela permet également à votre enfant de connaître les griefs que vous avez à l'égard de son autre parent, ce qui peut le conduire à se sentir quelque peu divisé.

Nous ne pouvons pas nous le permettre.

Sensibiliser les enfants aux difficultés financières dès leur plus jeune âge peut leur inculquer un sentiment de peur plus qu'autre chose.

Essayez plutôt de dire : « *Je ne peux pas te l'acheter car nous économisons notre argent pour des choses plus importantes.* »

Je te l'avais dit.

C'est la dernière chose que l'on souhaite entendre lorsque quelque chose ne va pas. Oui, vous avez peut-être eu raison de mettre votre enfant en garde, mais si vous le réconfortez au lieu de lui jeter la pierre, il sera plus enclin à vous parler à l'avenir.

J'aimerais que tu sois comme [ ]

L'estime de soi d'un enfant peut vraiment en prendre un coup lorsqu'on lui dit cela. Qu'il soit comparé à un frère ou une sœur ou à n'importe qui d'autre, il a l'impression de ne pas être à la hauteur.

Ce qu'il faut faire:

Essayez plutôt de ne pas comparer votre enfant aux autres pour le persuader de faire quelque chose.

J'ai fumé/ bu/ pris de la drogue quand j'avais ton âge.

Parler à vos enfants de certaines expériences n'est pas toujours la meilleure chose à faire, car ils peuvent penser qu'ils seront dispensés des conséquences s'ils le font eux-mêmes. Le *« mais tu as dit que tu [ ] quand tu avais mon âge »* reviendra toujours à la charge.

<u>**Ce qu'il faut faire :**</u>
Essayez plutôt de parler à vos enfants des conséquences de fumer, de boire ou de se droguer.

Ce n'est pas comme ça qu'il faut faire, laisse-moi te montrer.

Il est tentant de vouloir aider votre enfant à traverser quelque chose de difficile, mais il a besoin de temps pour apprendre par lui-même. Prendre automatiquement les rênes ne va pas l'aider à apprendre. Cela donne un message clair à l'enfant :

'Je ne peux pas faire ça, seuls les adultes savent comment le faire'. En fait, cela va à l'encontre de l'établissement de la confiance."

Tu es trop jeune pour réfléchir à tout cela.

Si vous fermez la curiosité d'un enfant, il sera moins enclin à vous demander des choses à l'avenir et il cherchera des réponses auprès d'autres sources qui ne sont peut-être pas aussi dignes de confiance.

Essayez plutôt de dire : « *Je ne suis pas prêt à discuter de cela avec toi maintenant mais un jour nous en parlerons certainement.* »

Sinon, (si vous êtes prêt et que vous estimez qu'ils sont assez grands), répondez simplement à leurs questions.

Tu me rends folle.

Le travail numéro un d'un parent est de rester calme quoi qu'il arrive. Outre le fait que nous disons généralement des choses que nous regrettons plus tard lorsque nous sommes en colère ou frustrés, rester calme montre également à nos enfants comment nous voulons qu'ils se comportent. Cela est particulièrement vrai pour les parents d'enfants qui ont tendance à s'énerver facilement.

Tu es gros/grosse.

Les enfants en surpoids ou obèses peuvent bénéficier de changements nutritionnels, mais appeler un enfant gros est blessant et ne fait rien pour fournir des conseils sur la façon de perdre du poids. L'étiquetage corporel négatif et la honte alimentent une culture d'alimentation désordonnée et d'images corporelles malsaines.

Calme-toi !

S'ils le voulaient, ils le pourraient ! Vous ne pouvez jamais atteindre un enfant quand il fait une crise de colère. Au lieu de cela, la meilleure chose à faire est de rester calme vous-même, de ne pas mordre à l'hameçon et d'être patient tout en validant ses sentiments.

Tu es tellement paresseux.

Les enfants ne sont pas paresseux. Souvent, il y a une raison sous-jacente pour laquelle ils ne sont pas capables d'accomplir ce qu'on leur demande. Les parents attaquent l'estime de soi de leurs enfants avec cette déclaration. Et avouons-le, aucun de nous avons toujours été motivés à faire mieux en étant traités de paresseux.

Pourquoi dois-je tout te dire 100 fois ?

Si vous devez vous répéter sans cesse, alors vous devez repenser votre stratégie de communication. Le harcèlement ne

fonctionne jamais ; les enfants ont une é-
coute très sélective et ils vous écouteront
tout de suite. Au lieu de cela, essayez de
poser des questions ouvertes pour aller à
la racine de ce qui se passe.

Arrête d'agir comme un bébé.

Vous ne pouvez pas vous attendre à ce
que les enfants agissent comme des
adultes parce qu'ils ne sont pas adultes. Si
un enfant a un comportement qui semble
enfantin, regardez la situation. Souvent,
ils reviennent à d'anciens comportements
lorsqu'ils sont nerveux, anxieux ou
effrayés. Au lieu de leur faire honte,
écoutez leurs sentiments.

Tu es ridicule.

Les enfants se tournent vers les adultes pour valider leurs sentiments et leurs expériences, alors lorsque vous les rejetez, ils ont l'impression qu'ils n'ont pas d'importance. Si vous ne comprenez pas pourquoi votre enfant fait quelque chose, demandez-lui, puis essayez de vous souvenir d'une expérience lorsque vous étiez dans une situation similaire.

Tu devrais avoir honte de toi.

La honte est un concept que les jeunes enfants ne comprennent pas encore. Quand vous leur dites qu'ils devraient avoir honte d'eux-mêmes, tout ce qu'ils entendent, c'est que maman ou papa est en colère contre eux et ils ne savent pas pourquoi. Pire encore, la honte peut amener les enfants plus âgés à être plus provocants et agressifs.

Pourquoi ne peux-tu pas être plus comme ta sœur/ton frère ?

Il peut sembler utile de présenter un frère ou une sœur ou un ami comme un exemple à suivre. *« Regarde comme Sam ferme bien son manteau »*, pourrait-on *dire. Ou « Jenna utilise déjà le pot, alors pourquoi ne le ferais-tu pas aussi ? »*. Mais les comparaisons se retournent presque toujours contre vous. Votre enfant est lui-même, pas Sam ou Jenna.

Les enfants se développent à leur propre rythme et ont leur propre tempérament et personnalité. Comparer votre enfant à quelqu'un d'autre implique que vous souhaiteriez que le vôtre soit différent.

Les comparaisons ne contribuent pas non plus à modifier le comportement. Être poussé à faire quelque chose qu'il n'est pas prêt à faire (ou qu'il n'aime pas faire) peut être déroutant pour un petit enfant et peut miner sa confiance en lui. Il est également probable qu'il vous en veuille et qu'il décide de ne pas faire ce que vous voulez, dans une épreuve de force.

Ce qu'il faut faire :
Encouragez plutôt ses réalisations actuelles: « Wow, tu as mis tes deux bras dans ton manteau tout seul ! » Ou « Merci de m'avoir dit qu'il fallait changer ta couche. »

Ce n'est pas assez bien.

Lorsqu'on dit aux enfants que quelque chose qu'ils ont fait n'est pas assez bon, ce qu'ils entendent en réalité, c'est *" tu n'es pas assez bon"*. Vous pouvez penser qu'en étant critiqué et exigeant, vous fixez des normes élevées pour vos enfants, mais cela leur donne simplement l'impression qu'il est impossible de vous plaire.

Je ne pourrai jamais te dire non.

L'absence de règles peut ressembler à un rêve d'enfant, mais les enfants ont besoin de limites pour apprendre et grandir. Dire « **non** » à vos enfants peut parfois être très difficile, mais les parents « **permissifs** » ont tendance à produire des enfants qui sont les moins autonomes, les moins explorateurs et les moins maîtres d'eux-mêmes.

Tu joues mal à ce jeu.

Les parents qui essaient de contrôler la façon dont leurs enfants jouent, même s'ils essaient simplement d'être utiles, sapent l'estime de soi et le processus d'apprentissage de leur enfant. L'action a-gressive n'est pas manifeste, comme chez un parent qui frappe ou crie, mais de petites manœuvres négatives peuvent en dire long sur un enfant. Cela indique à l'enfant que ce qu'il veut faire n'a pas d'importance.

Tu es nul.

Lorsqu'un parent donne à son enfant un nom désobligeant, cela se produit souvent dans un moment de frustration mais une fois que le nom est sorti, l'enfant a tendance à bloquer tout ce qui a été dit et ne se souviendra que du nom qu'il a été appelé. Cela peut non seulement avoir un impact négatif sur l'humeur, l'estime de soi et la confiance en soi d'un enfant, mais cela peut également saper votre relation et rendre l'enfant moins susceptible de faire ce que vous voulez en premier lieu.

Je déteste les maths.

Souvent, nous ne pensons pas à l'importance de nos propres attitudes pour déterminer la réussite scolaire des enfants. Mais nous avons constaté que si un parent se promène en disant : *« je n'aime pas les maths »* ou *« Ce truc me rend nerveux »*, les enfants captent ce message et cela peut affecter leur réussite.

Tu es si dramatique.

Même si vous êtes certain que le comportement de votre enfant est excessif, le qualifier de **« dramatique »** lorsqu'il essaie de s'exprimer peut avoir de graves conséquences à long terme.

Les enfants se tournent vers leurs parents pour apprendre à gérer leurs émotions. Si les parents leur apprennent que leurs sentiments sont ridicules, ils deviendront des adultes qui croient que leurs sentiments n'ont aucune importance.

Tu es égoïste.

Tous les enfants peuvent avoir un comportement égoïste de temps en temps, leur dire qu'ils sont intrinsèquement égoïstes peut provoquer un traumatisme à vie.

Il est important que les parents indiquent clairement qu'ils sont déçus par ce que l'enfant a fait, et non par ce qu'il est en tant que personne.

J'aurais souhaité que tu ne sois jamais né.

Peu importe à quel point vous êtes frustré par votre enfant, il n'est jamais acceptable d'aller jusqu'à lui dire que vous souhaiteriez qu'il ne soit jamais né.

Lorsque vous vous sentez suffisamment frustré pour dire quelque chose d'aussi blessant, retirez-vous simplement de la situation jusqu'à ce que vous vous soyez suffisamment calmé pour répondre de manière plus réfléchie.

Tu es l'homme de la maison.

Même si vous le faites sur le ton de la plaisanterie, dire cela à votre fils peut lui imposer un fardeau excessif, surtout s'il doit déjà faire face au stress d'une séparation familiale.

Cela met trop de pression sur l'enfant pour qu'il remplisse un rôle qu'il ne peut et ne doit pas encore avoir. C'est l'équivalent d'un chef de cuisine qui prend une pause et qui dit au lave-vaisselle : *« C'est toi qui cuisine maintenant. »*

Pas de dessert avant la fin du dîner.

Bien sûr, vous ne voulez pas que vos enfants gaspillent la nourriture. Cela dit, l'application de la règle "fini ton assiette" chez vous peut avoir de sérieuses conséquences sur l'autonomie et les habitudes alimentaires de votre enfant.

Vous avez déjà du mal à faire manger votre enfant, et cela augmente en fait la menace perçue par votre enfant et crée un différentiel de pouvoir accru.

Ce qu'il faut faire :

Essayez plutôt de dire aux enfants qu'ils peuvent choisir de prendre un dessert s'ils décident de finir leur repas en premier.

Tu étais un accident.

Même si vos enfants n'étaient pas prévus, leur dire cela peut provoquer des cicatrices émotionnelles durables. Et ajouter *« nous t'aimons quand même »*, n'aide pas. Les enfants veulent être aimés directement, sans avertissement.

Pourquoi ne peux-tu rien faire de correct ?

Bien que cela puisse ressembler à une question, il s'agit plutôt d'une déclaration accusatrice, qui ne donnera probablement pas lieu à une réponse positive. Les parents qui disent cela à leurs jeunes enfants sont étonnamment surpris de ne pas réussir à les convaincre de faire quoi que ce soit.

Je ne te crois pas.

Si vous voulez que vos enfants se sentent à l'aise pour s'ouvrir à vous, il serait sage de commencer par les accepter et les croire lorsqu'ils essaient de vous dire quelque chose.

Lorsque vous faites ce genre de déclaration, vous suscitez la méfiance en supposant que votre enfant ment, ce qui peut nuire gravement à votre relation, qui note que les enfants apprendront rapidement à vous cacher leurs actes parce qu'ils ne se sentent plus en sécurité pour s'ouvrir.

<u>**Ce qu'il faut faire:**</u>
Demander plutôt aux enfants de fournir plus de détails sur ce qui s'est passé, ce qui peut favoriser une conversation productive.

Tu dois leur donner un câlin.

Bien que vous souhaitiez que vos enfants soient affectueux envers leurs amis ou les membres de leur famille, les pousser à donner des câlins ou des baisers est en soi un manque de respect de leurs limites personnelles.

Insister pour qu'ils se conforment aux souhaits des autres en ce qui concerne l'espace personnel et l'expression de l'affection peut se traduire par de mauvaises limites dans des situations futures, qui pourraient être plus dangereuses et avoir des conséquences négatives.

Tes amis ne le font pas.

Si vous voulez que vos enfants évitent la pression des pairs à l'école, vous ne pouvez pas les pousser à faire des choses en les comparant à leurs camarades à la maison.

Au fil du temps, cela réduit leur estime de soi et leur sentiment d'autonomie, cela peut également favoriser une compétition malsaine avec les autres.

<u>Ce qu'il faut faire :</u>
Laissez votre enfant devenir le meilleur de lui-même sans vous préoccuper de savoir s'il ressemble à quelqu'un d'autre. Si vous désapprouvez le comportement d'un enfant, dites-lui comment changer son comportement. Essayez de ne pas attaquer son identité ou son sentiment d'être digne de votre amour.

Je ne ferais pas ça si j'étais toi.

Faire en sorte que vos enfants remettent en question leurs propres choix surtout en utilisant un langage qui semble menaçant peut avoir de graves conséquences à long terme.

Lorsque vous prononcez cette phrase, vous envoyez le message que vous n'avez pas confiance en leur capacité de prendre des décisions.

Tu aurais dû faire mieux.

Bien sûr, votre enfant aurait pu obtenir un 10 au lieu d'un 6, mais lui dire que ses efforts n'étaient pas suffisants peut le faire se sentir mal à propos de ses capacités et de qui il est en tant que personne.

Il est préférable d'envoyer un message d'amour inconditionnel afin que vos enfants sachent que vous les aimez quoi qu'il arrive et que vous pensez qu'ils ont fait de leur mieux, le fait de leur dire qu'ils auraient pu faire mieux peut les amener à se sentir toujours inadéquats.

Tu es un menteur.

Même si votre enfant a effectivement pris de l'argent dans votre portefeuille, ce ton ne fera que lui donner l'impression d'être attaqué personnellement. Demandez-lui pourquoi il a menti au lieu de l'accuser, puis entamez un dialogue ouvert sur les raisons pour lesquelles il n'est pas acceptable de mentir. Vous pouvez dire quelque chose comme : « *mon pote, je voulais juste te faire savoir que je suis toujours là pour toi si tu as besoin de quelque chose ou si tu as un problème. J'ai remarqué que de l'argent a disparu de mon portefeuille. Je ne suis pas en colère mais je pense qu'il faut qu'on en parle.* »

Ne parle pas aux inconnus.

Ce message général peut rendre votre enfant craintif envers tout le monde et limiter sa capacité à acquérir les compétences sociales dont il aura besoin à l'âge adulte, lorsqu'il devra très souvent parler à des inconnus !

<u>Ce qu'il faut faire :</u>
Modéliser des manières appropriées

d'interagir avec des étrangers appropriés. Expliquez-leur comment faire la différence.

Des éloges purs et simples .

<u>Exemples</u> :

Bon travail / Tu es le meilleur ___ du monde entier !

En disant cela à votre enfant, il pourrait entendre un jugement, il n'y a qu'une seule bonne façon de faire les choses. Il pourrait avoir l'impression d'un éloge vide si vous le dites quoi qu'il fasse, même si c'est facile. Ils pourraient entendre qu'ils ont atteint leurs limites et que vous ne pensez pas qu'ils puissent faire mieux. Ils peuvent ne pas vous faire confiance lorsqu'ils

découvrent qu'ils ne sont pas les meilleurs
___ du monde entier.

<u>Ce qu'il faut faire:</u>

*Ne félicitez que les choses qui ont de-
mandé un effort. Concentrez-vous sur le
processus, sur la façon dont ils l'ont fait
et sur ce qu'ils ont appris plutôt que sur
le produit. Donnez un retour spécifique
et détaillé sur ce qui est bon et ce qui
pourrait être encore mieux.*

Tu me fais sentir....
J'aime quand tu....
Je serais heureux / fâché si tu...
J'ai honte quand tu....
Je suis fier de toi.
Je ne te pardonnerai jamais.

En disant cela à vos enfants, ils penseront
que votre amour est conditionné par leurs
accomplissements. Cela implique égale-

ment que votre bien-être émotionnel dépend de leur comportement.

<u>Ce qu'il faut faire :</u>

Faites savoir à votre enfant que vous l'aimerez toujours, quoi qu'il arrive. (Cela ne signifie pas que tout comportement est toujours acceptable, ce n'est pas le cas et vous devez fixer des limites. Cela ne signifie pas non plus que vous n'avez pas d'attentes élevées à son égard. Vous voulez qu'ils travaillent dur et qu'ils soient des gens bien. Mais votre bonheur ne doit pas en dépendre.

L'étiquetage

<u>Exemples</u> :

Tu es tellement (timide, intelligente, maladroite, jolie).
Tu ne vaux rien / tu es un perdant.

Le fait d'étiqueter votre enfant le limite. Si vous l'étiqueter en fonction d'un comportement problématique, cela devient une prophétie auto-réalisatrice et il risque de continuer à agir de la sorte. Si vous l'étiquetez en fonction d'un « **talent** » qu'il possède, cela crée une forte pression sur lui pour qu'il conserve ce talent. Il peut craindre de perdre votre amour ou son identité s'il ne réussit pas dans ce domaine.

<u>Ce qu'il faut faire :</u>

Vous devez comprendre le tempérament de votre enfant, les influences de son sexe et son style d'apprentissage, et l'aider à utiliser ses points forts pour renforcer sa confiance et contourner les difficultés qu'il rencontre. Mais n' " étiquetez " pas les enfants et ne pensez pas qu'ils ne changeront jamais. Louez l'effort, pas le talent. Faites-leur savoir que chacun peut s'améliorer dans

*n'importe quel domaine s'il y met du
sien.*

Faites attention ! Faites attention !

Bien sûr, nous l'utilisons quand c'est nécessaire! Mais s'il est trop utilisé, il peut créer un enfant craintif qui pense que le monde est un endroit dangereux. Aussi : L'ensei-gnant Tom dit : "Un adulte qui ordonne "Ne glisse pas le long de la rampe !" peut assurer la sécurité d'un enfant à ce moment-là, mais... il lui enlève la possi-bilité de penser par lui-même, ce qui le rend d'autant moins sûr à l'avenir lorsque personne n'est là pour lui dire quoi faire."

Ce qu'il faut faire:

Montrez / modélisez comment être en sécurité. Encouragez-les à regarder avant de sauter. Encouragez-les à tenir compte de ce qu'ils ressentent à propos de quelque chose - s'ils sont nerveux, il peut y avoir une bonne raison. Lorsque le risque n'est qu'une légère bosse ou un bleu, laissez-les tester les choses. S'ils ont ce bleu, ils apprendront quelque chose d'important. En savoir plus sur l'enseignement des techniques de sécurité.

Des promesses que vous ne pouvez pas tenir.

<u>Exemples</u> :

Je ne laisserai jamais rien de mal t'arriver. Ne t'inquiète pas, tu seras toujours en sécurité.

Ce que les enfants pourraient entendre : Des mensonges. Et aucun outil pour savoir comment survivre aux difficultés.

<u>**Au lieu de cela, essayez plutôt de dire :**</u>
« Je ferai de mon mieux pour te protéger. J'essaierai d'être toujours là pour toi, aussi longtemps que je vivrai. Parfois, de mauvaises choses arriveront et j'essaierai de te donner des outils pour y faire face. »

Tais-toi. J'ai mieux à faire que... Tu peux me laisser tranquille 5 minutes ?

Alors, je comprends tout à fait que les enfants sont parfois terriblement gênants, et qu'ils rendent tout plus difficile, et que nous avons tous besoin de pauses parfois !!! Cependant, ce genre de déclarations crée du stress et de l'anxiété et amène l'enfant à se demander s'il est aimé.

<u>**Ce qu'il faut faire :**</u>

Donnez des suggestions positives et concrètes d'autres choses positives et concrètes qu'ils pourraient faire dans le moment présent. Lorsque vous avez vraiment besoin d'une pause ou d'aide, admettez-le et demandez-le. Cela fait partie de l'art de prendre soin de soi. « Maman est vraiment malade aujourd'hui. J'ai besoin de ton aide. Peux-tu t'asseoir et jouer tranquillement pendant quelques minutes ? »

Attends que ton père rentre à la maison.

En disant cela à votre enfant, il entendra que vous n'avez pas assez de pouvoir pour faire appliquer les conséquences.

<u>**Ce qu'il faut faire :**</u>
Les conséquences doivent être immé-
diates, logiques et appliquées par le parent
qui a rencontré le mauvais comportement.

Leur dire comment faire des choses qu'ils savent déjà faire

<u>Exemples</u> :

Accrocher son manteau.
Lave-toi les mains.

En disant cela à votre enfant, il entendra
que vous pensez qu'ils sont maintenant
intelligents ou compétents. Cela implique
également qu'ils ne doivent faire ces
choses que lorsque vous leur dites de le
faire.

Demandez-les ce qu'ils doivent faire : « Où va ton manteau ? Que fais-tu avant de manger ? Je parie que tu sais ce que tu dois faire ensuite. »

Ne vous inquiétez pas, le premier jour d'école se passera bien.

Qu'y a-t-il de mal à essayer de calmer un enfant anxieux qui s'inquiète ? Si vous dites à votre enfant de ne pas s'inquiéter, vous ne tenez pas compte de ses sentiments. Alors maintenant, il est toujours inquiet pour le premier jour d'école, et il s'inquiète qu'il soit inquiet, ou que vous soyez contrarié par son inquiétude. Même chose pour « Ne pleure pas » et « Ne sois pas en colère. »

<u>**Ce qu'il faut faire :**</u>

Dites plutôt : « Je vois que tu es inquiète. Peux-tu me dire ce qui te préoccupe le plus, pour que nous puissions en parler ? »